미리 보고 개념 잡는 초등

글씨 쓰기

이재승, 정호중 지음

Mirae Ⓝ 아이세움

차례

글씨 쓰기는 왜 중요할까요?

우리는 매일매일 글을 쓰며 살아갑니다. 컴퓨터가 발달하여 주로 자판으로 글을 쓰는 성인과 달리 초등학교 학생들은 아직도 연필로 글을 많이 씁니다. 학교에서 공부할 때, 일기를 쓸 때, 시험을 볼 때 등 필기도구를 사용하여 글을 쓰지요.

☑ 초등학교 시기는 글씨를 바로잡을 수 있는 결정적 시기

성인이 되어 악필을 교정하는 건 쉽지 않습니다. 어릴 때 자리 잡은 잘못된 글씨 쓰기 습관 때문이지요. 특히 초등학교 저학년 때의 글씨가 평생을 좌우하는 경우가 많습니다. 글씨를 바르게 쓰는 연습이 초등학교 시기, 그중에서도 초등학교 저학년 때 충분히 이루어져야 하는 이유가 여기에 있습니다.

☑ 평가에 영향을 주는 글씨

많은 아이의 글을 보는 교사들은 글씨가 평가에 얼마나 큰 영향을 미치는지 잘 알 것입니다. 요즘은 객관식이나 단답형보다 서술형이나 논술형 평가가 강조되고 있습니다. 대학교 입학 시험에서 보는 대학 논술 평가나 취업 시험에서 보는 서술형 시험은 한 사람의 인생에 중요한 영향을 미치기도 합니다. 이러한 시험에서 글씨가 엉망이면 아무래도 손해를 볼 수밖에 없습니다. 수많은 시험지를 채점하는 평가자의 입장에서 알아보기 힘든 글씨를 해석하며 읽는 것은 여간 어려운 일이 아니기 때문이죠.

☑ 집중력과 인내심을 길러 주는 글씨 쓰기

글씨를 마구 휘갈겨 쓰는 아이를 보면 덤벙거리고 성격이 침착하지 못한 경우가 많습니다. 글씨를 바르게 쓰는 연습은 아이의 집중력과 인내심을 향상시키기에 좋습니다. 글씨를 바르게 쓰기 위해서는 시간이 걸리더라도 한 획씩 또박또박 써야 하기 때문입니다.

글씨 쓰기는 어떻게 가르칠까요?

많은 아이들이 글씨를 휘갈겨 씁니다. 이것이 습관이 되면 고치기가 매우 힘듭니다. 따라서 아이들이 어떤 글씨 쓰기 습관을 가지고 있는지 파악해 바로잡아 주는 것이 중요합니다.

☑ 연필 제대로 잡기

교실에서 아이들을 관찰해 보면, 교과서에 나온 올바른 방법으로 연필을 잡는 아이는 전체의 절반도 되지 않습니다. 글씨를 바르게 쓰는 것을 어려워하는 아이들은 연필을 잡는 법부터 잘못되어 있는 경우가 많습니다.

☑ 글자를 일정하게 쓰기

바르지 않은 글씨를 유심히 들여다보면 글씨가 삐뚤빼뚤하다는 것을 관찰할 수 있습니다. 글씨가 전반적으로 기울어져 있거나 세로획이 아래로 곧게 뻗어 있지 않기도 합니다. 또한 글씨의 크기도 들쭉날쭉합니다. 이러한 아이의 경우 세로획을 곧게 내려 긋는 연습부터 해야 합니다. 또한 네 칸으로 나누어진 네모 칸에 맞춰 글씨를 쓰는 연습부터 시작해, 밑 선에 맞춰 글씨를 쓰는 단계적인 연습이 필요합니다. 이후에 일정하게 공간을 두며 띄어쓰기까지 한다면 매우 효과적입니다.

☑ 성의 없이 대충 빨리 쓰지 않기

이건 아마도 아이들이 가장 많이 하는 실수일 겁니다. 글씨를 차분하게 쓰는 습관 역시 매우 중요합니다. 아이에게 글씨 쓰기를 지도할 때, 천천히 또박또박 쓰기를 수없이 강조해 주세요. 그리고 자음자와 모음자의 쓰는 순서에 맞춰 쓰도록 옆에서 지켜봐 주세요.

아이가 차분하게 한 획씩 또박또박 쓰는 것은 어려울 수 있습니다. 적은 양이라도 매일매일 계획을 세우고, 단계에 따른 체계적인 연습 방법으로 글씨를 바르게 쓸 수 있길 바랍니다.

차례차례 따라 하면 초등 글씨 쓰기 백 점!

1. 바른 글씨 쓰기의 기본을 익혀요!

- 글씨를 쓰는 바른 습관을 익히면 글씨를 예쁘게 쓸 수 있습니다.

글씨 쓰기 기초 다지기
바른 자세로 쓰기, 연필 바르게 잡기, 운필력 기르기, 숫자 바르게 쓰기 등을 해 봅니다.

2. 단계에 따라 체계적으로 글씨 쓰기 연습을 해요!

- 글씨를 바르게 쓰기 위해 꼭 알아야 할 개념을 익히고 글씨 연습을 합니다.
- 네모 칸 쓰기 → 밑 선에 맞춰 쓰기, 큰 글씨 쓰기 → 작은 글씨 쓰기의 단계로 글씨 연습을 합니다.

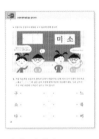

개념 익히기
글씨를 바르게 쓰는 방법을 알아봅니다.

글씨 쓰기 연습
다양한 활동으로 글씨를 바르게 써 봅니다.

생활 글씨 쓰기
편지지 쓰기 등 일상 속 글씨 쓰기를 연습합니다.

정리 학습
배운 내용을 정리하고 확인합니다.

꼼꼼 글씨 체크리스트
교과서 문장을 따라 쓴 뒤 꼼꼼 글씨 체크리스트로 체크하며 스스로 글씨를 점검해 봅니다.

3. 국어 교과서 문장을 따라 써요!

- 초등 국어 교과서에 나오는 낱말과 문장을 난이도별로 바른 글씨로 써 봅니다.

바른 글씨 쓰기의 기본

바른 글씨 쓰기의 첫 단계인 글씨 쓰는 자세와 연필을 바르게 잡는 방법을 알아봅니다.
여러 가지 획 긋기를 통해 운필력을 기르고, 숫자를 바르게 쓰는 연습을 해 봅니다.

 자기 주도 학습 계획표

학습일	쪽	학습 내용	공부한 날	확인
1일차	8~9	바른 자세로 쓰는 방법 알기	/	
2일차	10~11	연필 바르게 잡는 방법 알기	/	
3일차	12~13	여러 가지 획 그으며 운필력 기르기	/	
4일차	14~15	순서에 맞춰 숫자 바르게 쓰기	/	
5일차	16~18	정리 학습	/	

바른 자세로 쓰기

★ 만화를 보고 글씨를 쓰는 바른 자세에 대해 알아봅시다.

글씨를 쓰는 바른 자세

글씨를 바르게 쓰기 위해서는 자세가 매우 중요해요. 바른 자세를 익히고 연습해 보세요.

1. 글씨를 쓰는 바른 자세를 찾아 ○표를 해 봅시다.

2. 그림을 보고 서로 관련 있는 것끼리 선으로 이어 봅시다.

두 발이 공중에 떠 있어요.	엉덩이를 의자 뒤쪽에 붙이지 않았어요.	허리를 펴지 않았어요.

엉덩이를 의자 뒤쪽에 붙여요.	허리를 곧게 펴요.	두 발은 바닥에 닿도록 해요.

★ 만화를 보고 연필을 바르게 잡는 방법을 알아봅시다.

연필을 바르게 잡는 방법

① 첫째와 둘째 손가락을 그림과 같이 만들고 연필을 올려요.	② 첫째와 둘째 손가락을 둥글게 모아 가볍게 연필을 잡아요.	③ 셋째 손가락으로 연필을 잘 받쳐요.	④ 연필을 비스듬히 세우고 적당히 힘을 주어 써요.

처음 글씨를 쓸 때는 4B 연필로 시작해요. 익숙해지면 2B 연필을 사용하고 다음으로 B 연필, 마지막으로 HB 연필을 사용하도록 해요. 샤프는 심이 잘 부러져서 글씨를 예쁘게 쓰기 힘들어요.

1. 연필을 바르게 잡은 그림을 따라가며 선을 그어 봅시다.

2. 연필을 바르게 잡고 빈칸에 자기 이름을 써 봅시다.

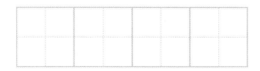

1. 연필을 바르게 잡고 가로획과 세로획을 그어 봅시다.

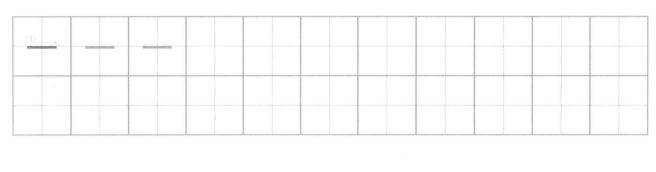

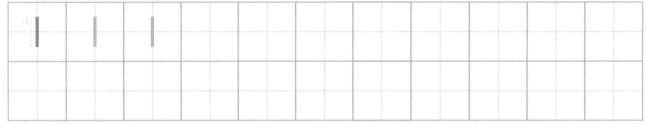

2. 연필을 바르게 잡고 시옷 획과 이응 획을 그어 봅시다.

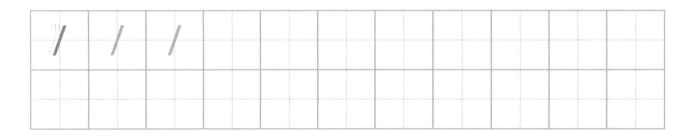

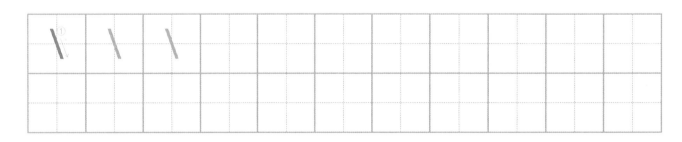

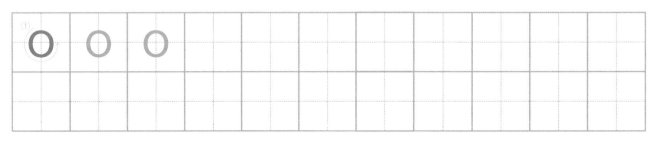

3. 연필을 바르게 잡고 다양한 선과 도형을 그어 봅시다.

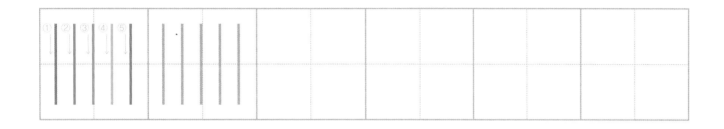

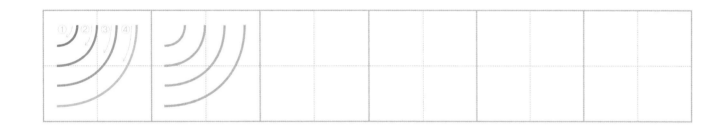

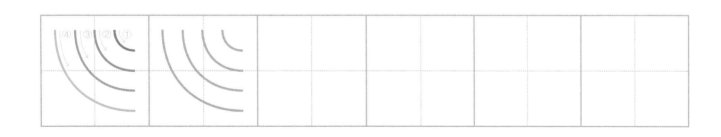

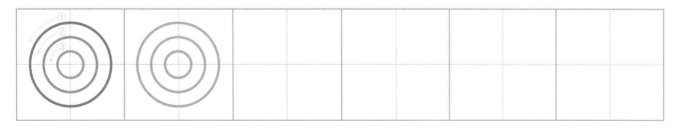

1. 연필을 바르게 잡고, 순서에 맞게 1~5 숫자를 써 봅시다.

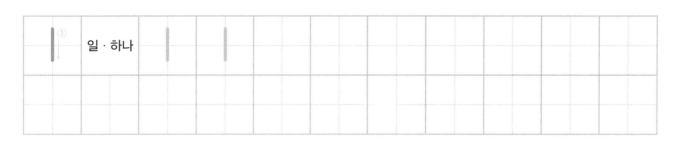

| 1 | 일·하나 | | | | | | | | |

| 2 | 이·둘 | 2 | 2 | | | | | | |

| 3 | 삼·셋 | 3 | 3 | | | | | | |

| 4 | 사·넷 | 4 | 4 | | | | | | |

| 5 | 오·다섯 | 5 | 5 | | | | | | |

2. 연필을 바르게 잡고, 순서에 맞게 6~10 숫자를 써 봅시다.

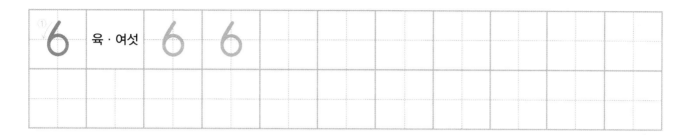

6 · 육 · 여섯

7 · 칠 · 일곱

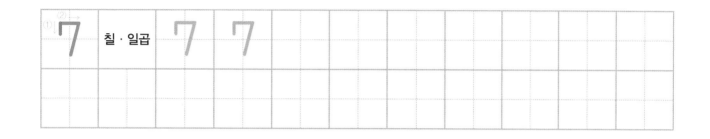

8 · 팔 · 여덟

9 · 구 · 아홉

0 · 영

1. 그림을 보고 글씨를 쓰는 바른 자세를 설명한 말에 ◯표를 해 봅시다.

1) 허리는 | 곧게 펴요. | 앞으로 구부려요. |

2) 엉덩이는 의사 | 앞쪽에 걸쳐요. | 뒤쪽에 붙여요. |

3) 두 발은 | 바닥에 붙여요. | 앞으로 펴요. |

2. 연필을 바르게 잡은 그림을 따라가면서 선을 긋고, 알맞은 먹이에 ◯표를 해 봅시다.

3. 에서 알맞은 숫자를 골라 그림을 완성해 봅시다.

| 보기 | 이가 2345 | 908-4753 | 65928 |

4. 연수가 쓴 글을 읽고, 빈칸에 알맞은 숫자를 바르게 써 봅시다.

나는 ☐☐ 월을 가장 좋아한다. 눈이 펑펑 내리고, 크리스마

스도 있기 때문이다. 겨울이 끝나고 ☐ 월이 되면 2학년이 된

다. 8살이었던 내 나이도 한 살이 더 많아져 ☐ 살이 된다.

2학년 때는 책도 일주일에 ☐☐ 권씩 읽을 거다.

딱 내 손가락 개수만큼 말이다.

5. 연필을 바르게 잡고 쓰기 연습을 해 봅시다.

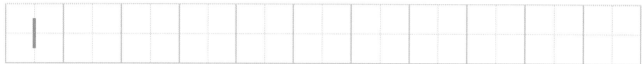

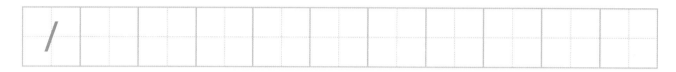

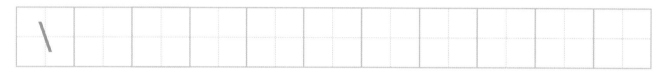

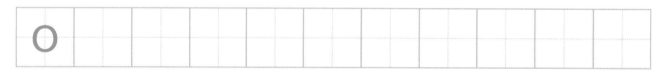

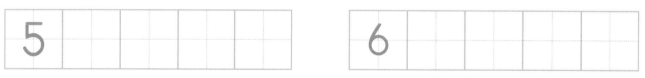

순서에 맞게 글씨 쓰기

자음자와 모음자를 순서에 맞게 써 봅니다.
자음자와 모음자를 쓰는 순서에 맞춰 실제 낱말을 써
봅니다.

 자기 주도 학습 계획표

★ 만화를 보고 친구들이 왜 수민이의 글씨를 보고 놀랐는지 생각해 봅시다.

1. 친구들이 수민이의 글씨를 보고 왜 놀랐나요?

    ① 글씨 쓰는 순서가 틀려서   ② 글씨를 바르게 써서

2. 글씨는 쓰는 순서가 있어요. 순서에 맞지 않게 쓰면 글씨가 바르지 않지요.
    수민이가 'ㄹ'을 순서에 맞게 쓸 수 있도록 알맞은 것을 찾아 ○표를 해 봅시다.

ㄱ → ㄹ → ㄹ

ㄱ → ㄹ → ㄹ

3. 자음자의 이름을 알아보고, 순서에 맞게 써 봅시다.

ㄱ	기역	ㄱ	ㄱ										
ㄴ	니은	ㄴ	ㄴ										
ㄷ	디귿	ㄷ	ㄷ										
ㄹ	리을	ㄹ	ㄹ										
ㅁ	미음	ㅁ	ㅁ										
ㅂ	비읍	ㅂ	ㅂ										
ㅅ	시옷	ㅅ	ㅅ										
ㅇ	이응	ㅇ	ㅇ										
ㅈ	지읒	ㅈ	ㅈ										
ㅊ	치읓	ㅊ	ㅊ										
ㅋ	키읔	ㅋ	ㅋ										
ㅌ	티읕	ㅌ	ㅌ										
ㅍ	피읖	ㅍ	ㅍ										
ㅎ	히읗	ㅎ	ㅎ										

1. 바른 순서로 쓴 자음자에 ○표를 해 봅시다.

2. 보기 와 같이 괄호 안에 알맞은 순서를 쓰고, 따라 써 봅시다.

3. 순서가 헷갈리기 쉬운 자음자를 다시 한 번 바르게 써 봅시다.

ㄹ						ㅊ				
ㅁ						ㅋ				
ㅂ						ㅌ				

4. 바른 순서로 쓴 자음자를 따라가며 선을 그어 봅시다.

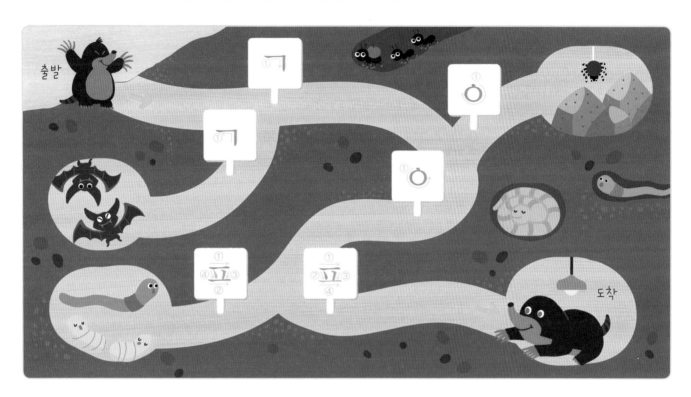

5. 지현이의 일기를 보고 빈칸에 자음자를 순서에 알맞게 써 봅시다.

10월 7일 토요일 날씨 : 화창하고 맑음

오 늘은 내가 가장 좋아하는 토 요일이다. 하루 종일 도서관에

서 책 을 읽을 수 있기 때문에 좋아한다. 오늘은 심청전을 읽었다.

심 청이가 아 버 지의 눈을 뜨게 하려고 물 에 빠지는 모습이 슬

펐다. 심청이처럼 나도 효 도를 해야겠다고 생각했다.

1. 여러 가지 자음자의 이름을 알아보고, 순서에 맞게 써 봅시다.

ㄲ	쌍기역	ㄲ	ㄲ					
ㄸ	쌍디귿	ㄸ	ㄸ					
ㅃ	쌍비읍	ㅃ	ㅃ					
ㅆ	쌍시옷	ㅆ	ㅆ					
ㅉ	쌍지읒	ㅉ	ㅉ					

2. 그림에 어울리는 낱말을 찾아 연결하고, 여러 가지 자음자를 순서에 맞게 써 봅시다.

 ·

 ·

 ·

 ·

 ·

· 빵

· 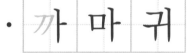 까 마 귀

·  딸 기

·  아 가 씨

· 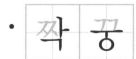 짝 꿍

3. 그림에 어울리는 낱말을 말해 보고, 여러 가지 자음자를 순서에 맞게 써 봅시다.

| 까 | 치 | 까 | 치 | 까 | 치 | 까 | 치 |
| 까 | 치 | 까 | 치 | 까 | 치 | 까 | 치 |

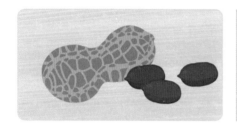

| 땅 | 콩 | 땅 | 콩 | 땅 | 콩 | 땅 | 콩 |
| 땅 | 콩 | 땅 | 콩 | 땅 | 콩 | 땅 | 콩 |

| 아 | 빠 | 아 | 빠 | 아 | 빠 | 아 | 빠 |
| 아 | 빠 | 아 | 빠 | 아 | 빠 | 아 | 빠 |

| 코 | 뿔 | 소 | 코 | 뿔 | 소 | 코 | 뿔 | 소 |
| 코 | 뿔 | 소 | 코 | 뿔 | 소 | 코 | 뿔 | 소 |

| 쌍 | 둥 | 이 | 쌍 | 둥 | 이 | 쌍 | 둥 | 이 |
| 쌍 | 둥 | 이 | 쌍 | 둥 | 이 | 쌍 | 둥 | 이 |

| 사 | 냥 | 꾼 | 사 | 냥 | 꾼 | 사 | 냥 | 꾼 |
| 사 | 냥 | 꾼 | 사 | 냥 | 꾼 | 사 | 냥 | 꾼 |

1. 모음자의 이름을 알아보고, 순서에 맞게 써 봅시다.

ㅏ	아	ㅏ	ㅏ							
ㅑ	야	ㅑ	ㅑ							
ㅓ	어	ㅓ	ㅓ							
ㅕ	여	ㅕ	ㅕ							
ㅗ	오	ㅗ	ㅗ							
ㅛ	요	ㅛ	ㅛ							
ㅜ	우	ㅜ	ㅜ							
ㅠ	유	ㅠ	ㅠ							
ㅡ	으	ㅡ	ㅡ							
ㅣ	이	ㅣ	ㅣ							

2. 바른 순서로 쓴 모음자에 ○표를 해 봅시다.

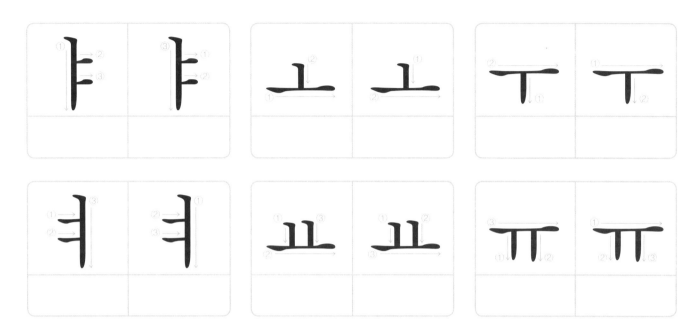

3. 보기 와 같이 괄호 안에 알맞은 순서를 쓰고, 따라 써 봅시다.

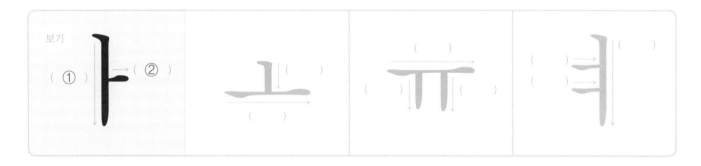

4. 순서가 헷갈리기 쉬운 모음자를 다시 한 번 바르게 써 봅시다.

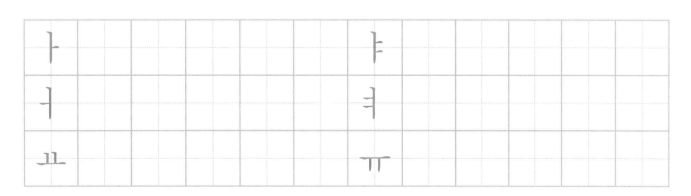

1. 여러 가지 모음자의 이름을 알아보고, 순서에 맞게 써 봅시다.

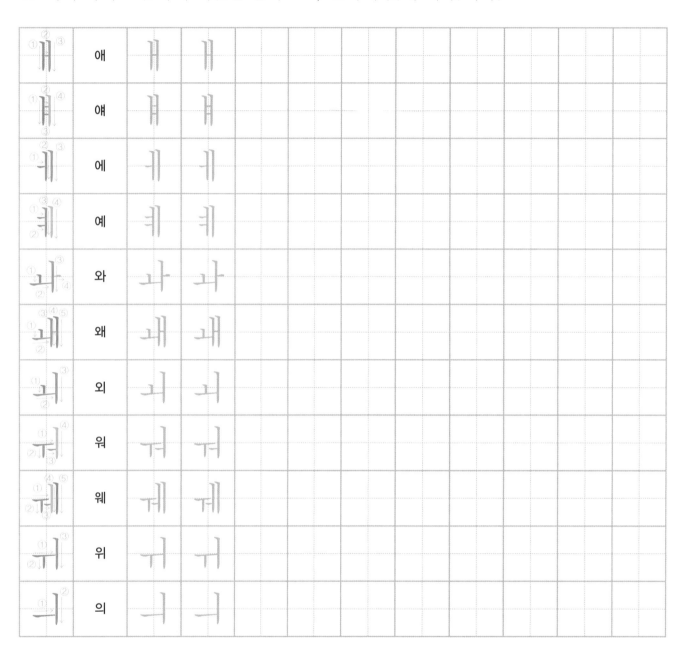

이중 모음

모음이 합쳐진 글자를 이중 모음이라고 해요. 글자를 쓸 때는 앞에 있는 모음자를 먼저 써요.

글자	ㅐ	ㅒ	ㅔ	ㅖ	ㅘ	ㅙ	ㅚ	ㅝ	ㅞ	ㅟ	ㅢ
구성	ㅏ+ㅣ	ㅑ+ㅣ	ㅓ+ㅣ	ㅕ+ㅣ	ㅗ+ㅏ	ㅗ+ㅐ	ㅗ+ㅣ	ㅜ+ㅓ	ㅜ+ㅔ	ㅜ+ㅣ	ㅡ+ㅣ

2. 보기 와 같이 모음자를 써넣어 그림에 어울리는 낱말을 완성해 봅시다.

보기

의 자

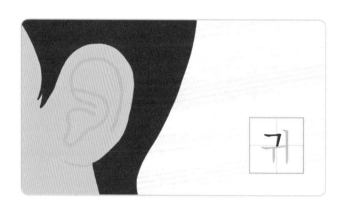

귀

과 자

돼 지

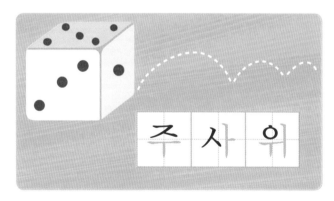

주 사 위

테 니 스

새 싹

괴 물

★ 만화를 보고 성우의 글자가 왜 안 예쁜지 생각해 봅시다.

1. 성우의 글자는 왜 안 예쁜가요?

　　① 장난을 치면서 써서　　　　　② 자음자와 모음자를 순서에 맞게 쓰지 않아서

2. 자음자와 모음자가 만나는 글자를 쓸 때도 순서가 있어요. 순서에 맞게 써야 바른
　　글자가 돼요. 다음은 성우가 글자를 쓴 순서입니다. 바른 순서로 고쳐 봅시다.

30

3. 글자를 쓰는 순서가 바른 화살표를 따라가 봅시다.

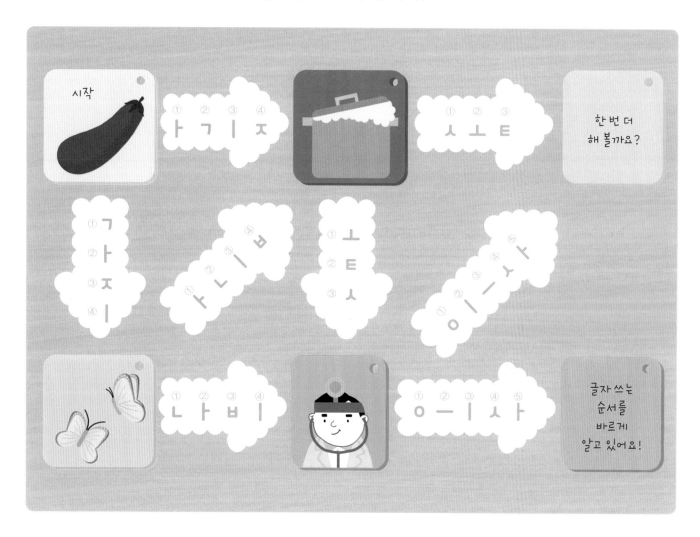

4. 자음자와 모음자의 순서에 맞게 글자를 써 봅시다.

소	나 라	우 표	최 고	다 리 미
소	나 라	우 표	최 고	다 리 미

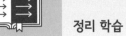

1. 글씨를 쓰는 순서가 바른 돌멩이를 색칠해 징검다리를 완성해 봅시다.

2. 순서에 맞게 글씨 쓰기 연습을 해 봅시다.

거 위	유 리	무 섭 다	예 쁘 다
거 위	유 리	무 섭 다	예 쁘 다

32

모양에 맞게 글씨 쓰기

모음자의 위치에 따라 자음자의 모양이 어떻게 달라지는지 익히고 연습해 봅니다.
글자 모양에 맞춰 받침 없는 글자와 받침 있는 글자를 써 봅니다.

 자기 주도 학습 계획표

학습일	쪽	학습 내용	공부한 날	확인
1일차	34~35	모양에 맞게 자음자 쓰는 방법 알기	/	
2일차	36~37	모양에 맞게 자음자 쓰고 익히기	/	
3일차	38~39	모양에 맞게 받침 없는 글자 쓰는 방법 알기	/	
4일차	40~41	모양에 맞게 받침 없는 글자 쓰고 익히기	/	
5일차	42~43	모양에 맞게 받침 있는 글자 쓰는 방법 알기	/	
6일차	44~45	모양에 맞게 받침 있는 글자 쓰고 익히기	/	
7일차	46	정리 학습	/	

★ 만화를 보고 다솜이가 왜 글자 모양이 이상하다고 했는지 생각해 봅시다.

1. 다솜이는 글을 쓴 사람이 왜 'ㄱ'도 모른다고 했나요?

  ① 'ㄱ'의 모양이 글자마다 달라서   ② 글 쓴 사람이 'ㄱ'을 쓸 줄 몰라서

2. 자음자는 자음자가 놓인 위치에 따라 모양이 달라져요. 빈 곳에 들어갈 알맞은 모양의 'ㄱ'을 따라간 뒤, 모양에 맞게 써 봅시다.

3. 자음자의 위치를 잘 보고, 자음자 모양에 주의하며 바르게 써 봅시다.

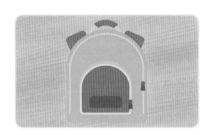

가 | 가 | 방

가

고 | 고 | 추

고

국 | 국 | 수

국

나 | 나 | 비

나

노 | 노 | 루

노

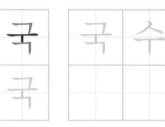

눈 | 눈 | 썹

눈

다 | 다 | 리

다

도 | 도 | 로

도

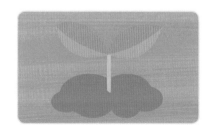

돋 | 돋 | 다

돋

1. 자음자의 위치를 잘 보고, 자음자 모양에 주의하며 바르게 써 봅시다.

사	사	과
사		

소	소	파
소		

솟	솟	다
솟		

자	자	라
자		

조	조	개
조		

젖	젖	병
젖		

카	카	드
카		

코	코	트
코		

콧	콧	물
콧		

2. 자음자 모양에 주의하며 글자를 쓴 뒤, 이 글자들로 낱말을 만들어 봅시다.

ㄱ	ㄴ	ㄷ	ㄹ	ㅁ	ㅂ	ㅅ	ㅇ	ㅈ	ㅊ	ㅋ
ㅏ	가	나	다	라						

사 자

ㄱ	ㄴ	ㄷ	ㄹ	ㅁ	ㅂ	ㅅ	ㅇ	ㅋ	ㅌ	ㅎ
ㅜ	구	누	두	루						

두 부

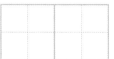

3. 위치에 따라 달라지는 자음자의 모양을 생각하며 다시 한 번 바르게 써 봅시다.

가	나	다	사	자	카
고	노	도	소	조	코
국	눈	돋	솟	젖	콧

★ 지영이와 수영이의 대화를 보고 물음에 답해 봅시다.

1. 어떤 자음자와 모음자가 합쳐져 글자가 만들어지느냐에 따라 글자 모양이 달라져요. 그래서 ◁, △, ◇와 같은 글자 모양에 맞게 꾸준히 연습해야 해요. 다음 글자가 각각 어떤 모양에 가까운지 선으로 이어 봅시다.

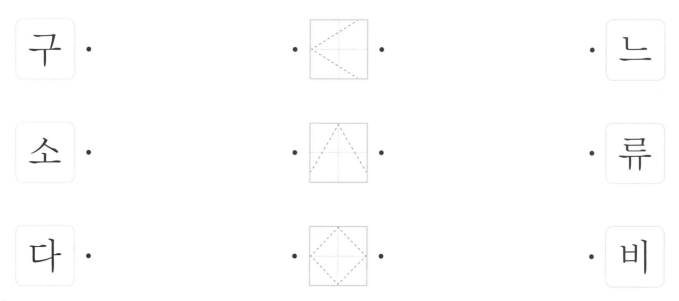

2.  , △ , ◇ 글자 모양에 주의하며 바르게 써 봅시다.

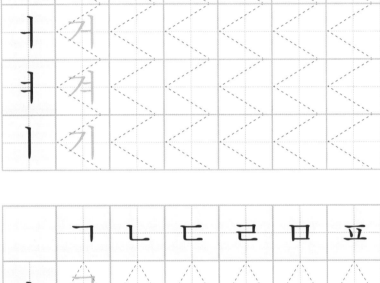

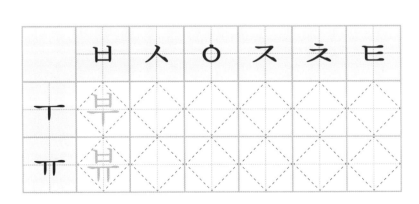

'ㅏ, ㅑ, ㅓ, ㅕ, ㅣ' 아래에
받침이 없는 글자의 모양이에요.

'ㅗ, ㅛ, ㅡ' 아래에
받침이 없는 글자의 모양이에요.

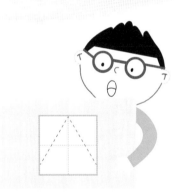

'ㅜ, ㅠ' 아래에
받침이 없는 글자의 모양이에요.

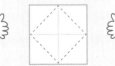

39

1. 보기 처럼 글자 모양에 알맞게 ◁, △, ◇ 점선을 그려 봅시다.

보기

오 리   바 나 나

| 가 구 | 나 사 | 두 부 | 도 라 지 |

| 보 리 | 고 추 | 토 끼 | 이 야 기 |

2. 글자 모양에 주의하며 받침 없는 글자를 바르게 써 봅시다.

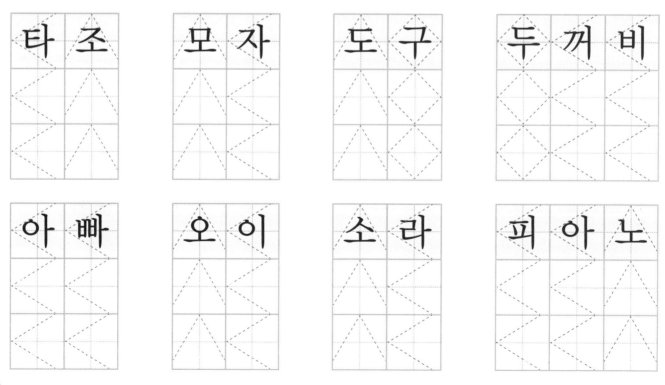

타 조   모 자   도 구   두 꺼 비

아 빠   오 이   소 라   피 아 노

3. 에서 알맞은 말을 고르고, 글자 모양에 주의하며 바르게 써 봅시다.

보기
| 포도 | 구두 | 라디오 | 모자 | 어머니 |
| 하루 | 소나무 | 가수 | 고구마 | 모기 |

내 꿈은 아주 유명한 가 되는 것이다.

 께서 나를 낳아 주셨다.

 가 나무에 주렁주렁 매달려 있다.

오늘은 종일 축구만 했다.

간식으로  를 먹었다.

아버지께서는 출근하기 전에 를 닦으신다.

나는 를 눌러쓰고 밖으로 나섰다.

우리 학교 뒷산에는  가 많다.

 에서 노래가 울려 퍼졌다.

웽웽 귓가에 가 날아다닌다.

★ 은영이와 경문이의 대화를 보고 물음에 답해 봅시다.

1. 받침이 있는 글자는 글자 모양이 흐트러지기 쉬워요. 그래서 연습을 꾸준히 해야 해요. 특히 받침이 두 개인 겹받침을 쓸 때 주의해요. 다음 글자가 각각 어떤 모양에 가까운지 선으로 이어 봅시다.

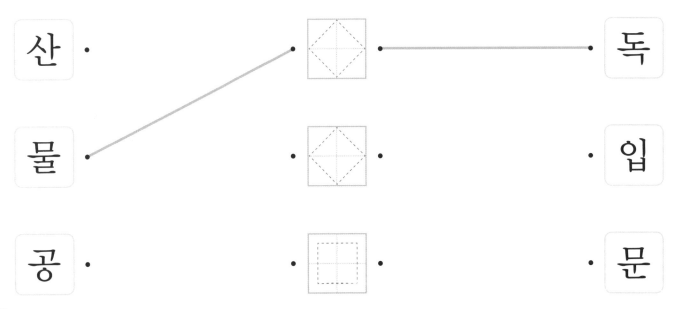

2. ◇ , □ 글자 모양에 주의하며 바르게 써 봅시다.

	오	요	우	유	으	고	뇨	두	류	브	스	소
ㄱ	옥											
ㄴ	온											

	아	야	어	여	이	가	냐	더	려	미	자
ㄷ	안										
ㄹ	알										
ㅁ	암										
ㅂ	압										
ㅅ	앗										

43

1. 그림에 알맞은 낱말을 찾아 선으로 잇고 글자 모양에 주의하며 써 봅시다.

 ·

·

 ·

·

 ·

·

2. 글자 모양에 주의하며 낱말을 바르게 써 봅시다.

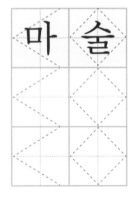  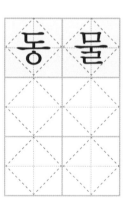 

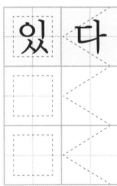 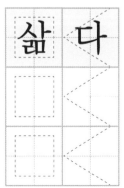 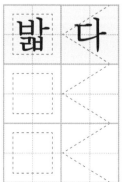 

3. 보기 에서 알맞은 말을 고르고, 글자 모양에 주의하며 바르게 써 봅시다.

보기   맑다   소금   축구   고양이   이빨
       부엌   꺾다   겨울   소풍   목욕

추운  이 왔어요.

쓱쓱 싹싹 즐겁게 을 했다.

공원으로  을 가요.

오늘 날씨가  .

바닷물로 만드는 은 짜다.

 가 야옹야옹 울어요.

 에서 고소한 냄새가 나요.

산에서 나뭇가지를 .

친구랑 오후에 를 했다.

사자는  이 날카로워요.

1. 글자 모양에 주의하며 글씨 쓰기 연습을 해 봅시다.

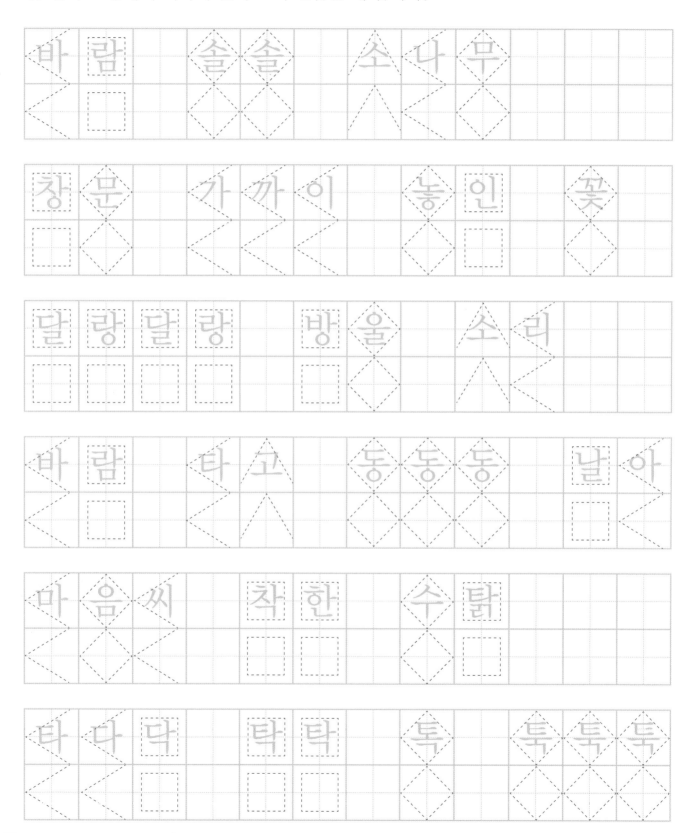

알맞은 크기로 일정하게 글씨 쓰기

한 문장 안에서 일정한 크기로 글씨를 쓰는 방법을 알아봅니다.
다양한 크기의 네모 칸과 밑 선에 맞춰 알맞은 크기로 글씨를 쓰는 연습을 합니다.

 자기 주도 학습 계획표

학습일	쪽	학습 내용	공부한 날	확인
1일차	48~49	알맞은 크기로 일정하게 글씨 쓰는 방법 알기	/	
2일차	50~51	알맞은 크기로 일정하게 네모 칸 안에 글씨 쓰기	/	
3일차	52~53	알맞은 크기로 일정하게 밑 선에 맞춰 글씨 쓰기	/	
4일차	54	정리 학습	/	

★ 수영이와 지영이의 학예회 초대장을 보고 물음에 답해 봅시다.

1. 한 문장에서 글씨 크기가 다르면 읽기가 힘들어요. 글씨는 서로 비슷한 크기로 쓰는 게 보기 좋아요. 누구의 초대장이 읽기 편한지 ○표를 해 봅시다.

수영

지영

2. 글자는 크게 쓸 때도 있고 작게 쓸 때도 있어요. 상황에 맞게 쓰되, 글자 크기는 칸을 벗어나지 않게 일정하게 유지해야 해요. 아래의 글을 바르게 써 봅시다.

3. 보기 에서 알맞은 말을 골라 빈칸에 알맞은 크기로 일정하게 써 봅시다.

보기   초등학교   일기장   문방구   날아라 슈퍼맨   엄마 사랑해요

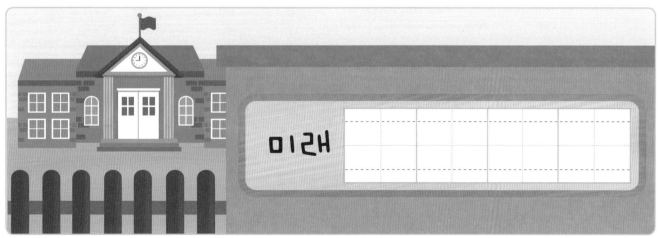

1. 보기 에서 알맞은 말을 골라 빈칸에 알맞은 크기로 일정하게 써 봅시다.

보기	이갈이를	쿵쾅쿵쾅	하겠습니다	차려입는
	잘하는구나	깜깜했다	새하얘졌다	

머릿속은   .

젖니가 모두 나면   합니다.

                시끄럽게 논다고 어머니께 꾸중을 들었어.

설빔은 설날에   옷입니다.

이를 깨끗이 닦는 습관을 가져야   .

처음 칠판을 보았을 때는 눈앞이   .

너는 달리기를 참   .

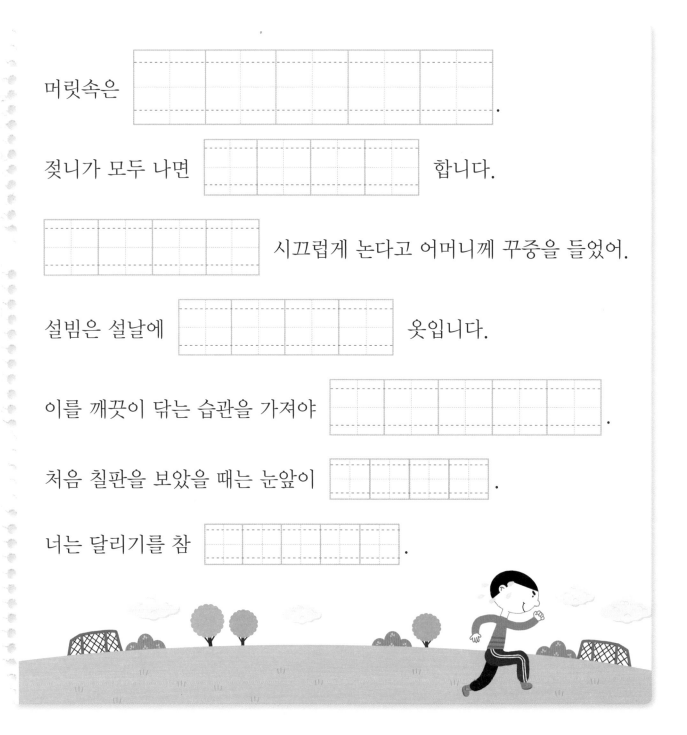

2. 다음 글을 네모 칸 안에 알맞은 크기로 일정하게 써 봅시다.

텅 빈 필통

꼬부랑 길에 앉아

은방울 열 개

머리끝까지 화가 날 때

흙덩이도 무섭지 않고

선생님께서 칭찬해 주셨어요.

1. 다음 글을 밑 선에 맞춰 알맞은 크기로 일정하게 써 봅시다.

나비가 숨었어.

코부터 발름발름

흙 속의 푸른 새싹들

배가 아파 배나무

가지 타고 놀자.

마당에서 물장난하자.

2. 수영이가 되어 알맞은 크기로 일정하게 글씨를 써서 편지를 완성해 봅시다.

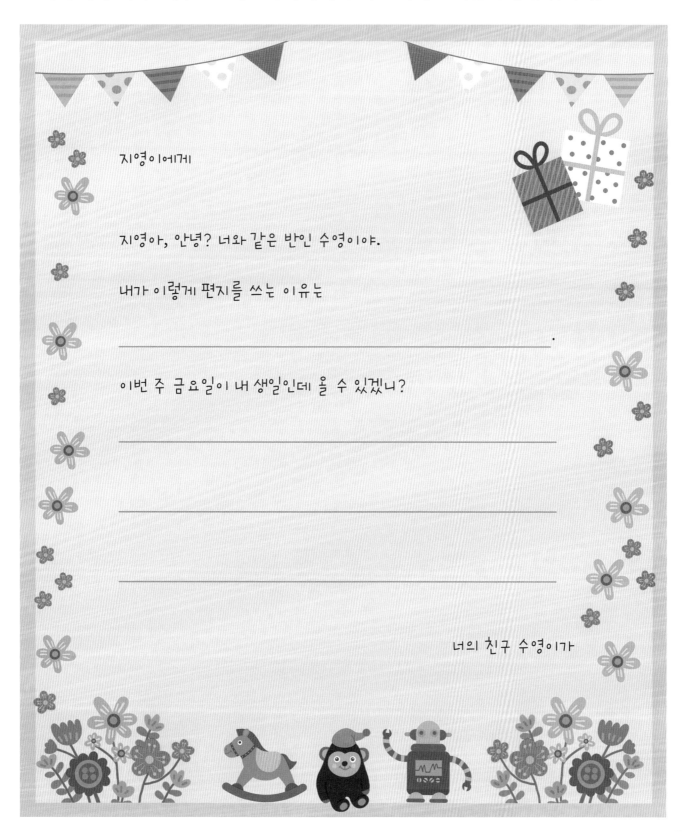

지영이에게

지영아, 안녕? 너와 같은 반인 수영이야.

내가 이렇게 편지를 쓰는 이유는

_____ .

이번 주 금요일이 내 생일인데 올 수 있겠니?

_____

_____

_____

너의 친구 수영이가

1. 알맞은 크기로 일정하게 글씨 쓰기 연습을 해 봅시다.

나	는		무	섭	지		않	아	.		

난		거	북	이	거	든	요	.			

물	장	구	치	며		놀	지	요	.		

2. 작은 글씨로 다시 연습해 봅시다.

나	는		무	섭	지		않	아	.				

난		거	북	이	거	든	요	.					

물	장	구	치	며		놀	지	요	.				

띄어쓰기에 주의하며 글씨 쓰기

띄어쓰기에 주의하며 글씨를 쓰는 방법을 알아봅니다.
알맞게 간격을 두며 띄어 쓰는 연습을 합니다.

 자기 주도 학습 계획표

학습일	쪽	학습 내용	공부한 날	확인
1일차	56~57	띄어쓰기에 주의하며 글씨 쓰는 방법 알기	/	
2일차	58~59	띄어쓰기에 주의하며 네모 칸과 밑 선에 쓰기	/	
3일차	60~61	알맞게 간격을 띄며 글씨 쓰기	/	
4일차	62	정리 학습	/	

★ 수영이와 지영이의 대화를 보고 물음에 답해 봅시다.

1. 모든 글자가 다닥다닥 붙어 있으면, 같은 글을 읽고도 서로 다른 생각을 할 수 있어요. 수영이와 지영이는 각각 어떤 생각을 했는지 선으로 이어 봅시다.

아버지가 방에 들어가신다.

아버지 가방에 들어가신다.

2. 글씨를 알아보기 쉽게 쓰려면 분명하게 띄어 써야 해요. 글씨를 띄어 쓰는 간격은 일정하게 맞추는 게 좋아요. 지영이의 글을 알맞게 띄어 써 봅시다.

아	버	지	가	∨	방	에	∨	들	어	가	신	다	.				
				∨			∨										

3. 띄어쓰기에 주의하며 바르게 써 봅시다.

김소원
→

이세움∨선생님
→

이순신∨장군
→

노란∨나비
→

귀여운∨강아지
→

다섯∨살
→

우유∨한∨잔
→

1. 다음 글을 띄어쓰기에 주의하며 네모 칸 안에 바르게 써 봅시다.

숲	속	을	∨	지	나				

비	바	람	∨	속	을	∨	헤	치	고

자	동	차	∨	사	이	를	∨	빠	져	나	와

틀	려	도	∨	괜	찮	아	.		

자	신	∨	있	게	∨	말	해	요	.

부	끄	러	워	하	지	∨	않	고	

2. 다음 글을 띄어쓰기에 주의하며 밑 선에 맞춰 바르게 써 봅시다.

토끼가 ∨ 맞아.

재미있는 ∨ 내 ∨ 얼굴

서로 ∨ 안아 ∨ 주면 ∨ 되잖아.

시소 ∨ 어떻게 ∨ 타나?

달 ∨ 달 ∨ 무슨 ∨ 달

해는 ∨ 벌써 ∨ 지고 ∨ 있어요.

1. 그림을 보고, 바르게 띄어 써 봅시다.

나귀가아파요.

→

→

나귀가아파요.

→

→

2. 보기 에서 알맞은 말을 골라 빈칸에 바르게 띄어 써 봅시다.

보기   네 채   우리 집   두 마리

우리 마을에는 집 [   ] 가 옹기종기 모여 있어요.

[   ] 은 강아지 [   ] 를 키워요.

3. 민지와 현수의 편지예요. 에서 알맞은 말을 골라 바르게 띄어 써 봅시다.

보기
- 초롱이도 너와 친구가 되어 좋아할 거야.
- 네가 준 강아지와 친한 친구가 되었어.

현수야, 안녕?

_____

고마워! 이름은 초롱이야. 눈빛이 별처럼 초롱초롱해서 초롱이란다.

초롱이가 얼마나 컸는지 궁금하지?

다음에 초롱이와 함께 만나자.

민지가

민지야, 잘 있었니?

강아지 이름을 초롱이라고 지었구나. 참 예쁘다!

초롱이와 좋은 친구가 되었다니 기뻐.

_____

나도 초롱이가 보고 싶어. 초롱이와 함께 우리 집에 놀러 올래?

현수가

1. 띄어쓰기에 주의하며 글씨 쓰기 연습을 해 봅시다.

괜	히	V	힘	이	V	나	요	.				

내	V	마	음	이	V	반	짝	반	짝			

번	개	처	럼	V	찌	지	직					

토끼가 V 산속을 V 걸어갔습니다.

토끼가 V 돌멩이를 V 구웠습니다.

호랑이가 V 돌멩이를 V 먹었습니다.

밑 선에 맞춰 글씨 쓰기

글씨가 똑바르지 않고 위아래로 들쭉날쭉하면 읽기가 힘듭니다. 밑 선에 맞춰 똑바로 글씨를 쓰는 연습을 합니다.

 자기 주도 학습 계획표

학습일	쪽	학습 내용	공부한 날	확인
1일차	64~65	밑 선에 맞춰 글씨 쓰는 방법 알기	/	
2일차	66~67	밑 선에 맞춰 글씨 쓰고 익히기	/	
3일차	68	정리 학습	/	

★ 은영이와 동생의 대화를 보고 물음에 답해 봅시다.

1. 글씨가 위아래로 들쭉날쭉하면 읽기가 힘들어요. 밑 선에 맞춰 바르게 쓴 문장을 찾아 ○표를 해 봅시다.

[ ] 점점 하늘로 올라갑니다.   [ ] 계단을 오르내려요.

[ ] 똑바르게 글씨를 씁니다.   [ ] 점점 아래로 내려갑니다.

2. 동생의 글을 밑 선에 맞춰 바르게 쓰세요.

3. 보기 와 같이 밑 선에 맞춰 글씨를 바르게 써 봅시다.

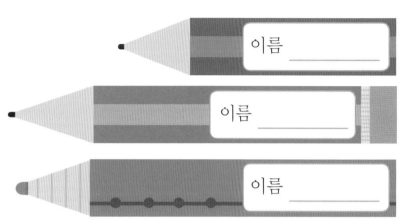

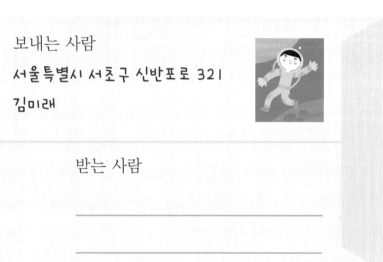

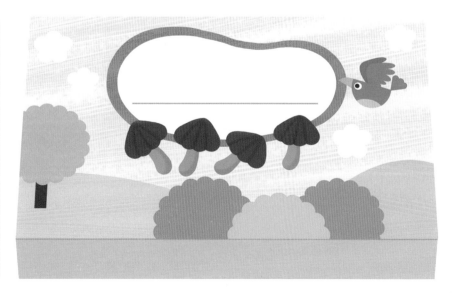

1. 사다리타기 놀이를 하고, 알맞은 번호의 문장을 밑 선에 맞춰 바르게 써 봅시다.

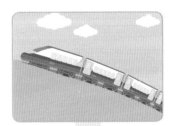 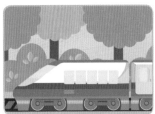 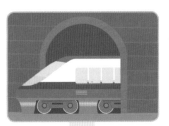 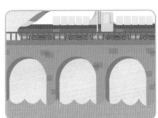

① 기차가 다리를 건너가요.

② 기차가 언덕을 넘어가요.

③ 기차가 숲속을 지나가요.

④ 기차가 터널을 통과해요.

①

②

③

④

2. 재욱이와 은영이는 경진이의 생일잔치에 참석하지 못해 미안한 마음을 담아 편지를 보냈습니다. 누구의 편지가 읽기 편한지 ○표를 해 봅시다.

3. 재욱이의 편지를 밑 선에 맞춰 바르게 고쳐 써 봅시다.

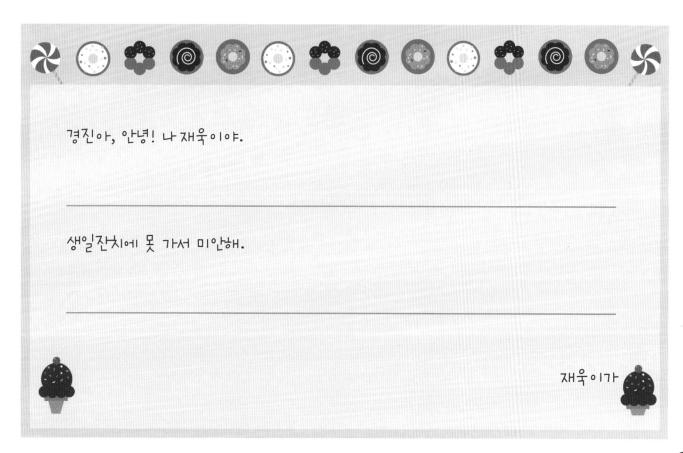

경진아, 안녕! 나 재욱이야.

생일잔치에 못 가서 미안해.

재욱이가

1. 밑 선에 맞춰 글씨 쓰기 연습을 해 봅시다.

토끼 앞에 호랑이가 나타났어요.

재훈이가 모자를 벗습니다.

참 고마운 바람이구나.

할머니께서 우리 집에 오셨다.

건우가 달팽이를 발견하였다.

호랑이는 뜨거워서 엉엉 울었어요.

실전 교과서 글씨 쓰기

1단원부터 6단원까지 배운 내용을 기초로 국어 교과
서에 나온 낱말과 문장을 바른 글씨로 쓰는 연습을
합니다. 네모 칸 쓰기와 밑 선에 맞춰 쓰기, 큰 글씨
쓰기와 작은 글씨 쓰기뿐만 아니라 낱말과 문장까지
고려해 단계별로 연습합니다.

 자기 주도 학습 계획표

학습일	쪽	학습 내용	공부한 날	확인
1일차	70~71	큰 네모 칸에 받침 없는 낱말 쓰기	/	
2일차	72~73	큰 네모 칸에 받침 있는 낱말 쓰기	/	
3일차	74~75	큰 네모 칸에 낱말 쓰기	/	
4일차	76~77	큰 네모 칸에 문장 쓰기	/	
5일차	78~79	큰 네모 칸에 문장 쓰기	/	
6일차	80~81	밑 선에 맞춰 문장 쓰기	/	
7일차	82~83	밑 선에 맞춰 문장 쓰기	/	
8일차	84~85	작은 네모 칸에 낱말 쓰기	/	
9일차	86~87	작은 네모 칸에 낱말 쓰기	/	
10일차	88~89	작은 네모 칸에 짧은 문장 쓰기	/	
11일차	90~91	작은 네모 칸에 짧은 문장 쓰기	/	
12일차	92~93	작은 네모 칸에 긴 문장 쓰기	/	
13일차	94~95	작은 네모 칸에 긴 문장 쓰기	/	
14일차	96~97	밑 선에 맞춰 문장 쓰기	/	
15일차	98~99	밑 선에 맞춰 문장 쓰기	/	
16일차	100	정리 학습	/	

1. 교과서 낱말을 바르게 써 봅시다.

오	리	타	조	거	미	토	끼	제	비
오	리	타	조	거	미	토	끼	제	비

나	너	우	리	바	다	나	라
나	너	우	리	바	다	나	라

다	리	아	기	나	무	너	구	리
다	리	아	기	나	무	너	구	리

아	버	지	어	머	니	그	리	고
아	버	지	어	머	니	그	리	고

2. 보기 에서 알맞은 말을 골라 끝말잇기하며, 빈칸에 낱말을 바르게 써 봅시다.

| 보기 | 여우 | 오이 | 라디오 | 우리나라 | 이사 | 사자 |

꼼꼼 글씨 체크리스트   내가 쓴 글씨를 보고 ○표를 해 봅시다. 글씨가 마음에 드나요?

똑바른 자세로 연필을 바르게 잡고 썼나요?	아주 잘했어요	잘했어요	보통이에요
글씨 쓰는 순서에 맞게 썼나요?	아주 잘했어요	잘했어요	보통이에요
글자 모양을 생각하며 썼나요?	아주 잘했어요	잘했어요	보통이에요
일정한 크기로 칸을 벗어나지 않게 썼나요?	아주 잘했어요	잘했어요	보통이에요
띄어쓰기를 바르게 했나요?	아주 잘했어요	잘했어요	보통이에요

1. 교과서 낱말을 바르게 써 봅시다.

친	구		공	룡		보	물		마	음		사	람
친	구		공	룡		보	물		마	음		사	람

낮	잠		악	어		공	책		신	발
낮	잠		악	어		공	책		신	발

책			동	물		여	름		놀	이	터
책			동	물		여	름		놀	이	터

황	소		밤	낮		종	이		선	생	님
황	소		밤	낮		종	이		선	생	님

2. 보기 에서 시훈이가 생각하고 있는 낱말을 골라 빈칸에 바르게 써 봅시다.

보기 학교   축구   강아지   엄마   컴퓨터

꼼꼼 글씨 체크리스트 내가 쓴 글씨를 보고 ○표를 해 봅시다. 글씨가 마음에 드나요?

똑바른 자세로 연필을 바르게 잡고 썼나요?	아주 잘했어요	잘했어요	보통이에요
글씨 쓰는 순서에 맞게 썼나요?	아주 잘했어요	잘했어요	보통이에요
글자 모양을 생각하며 썼나요?	아주 잘했어요	잘했어요	보통이에요
일정한 크기로 칸을 벗어나지 않게 썼나요?	아주 잘했어요	잘했어요	보통이에요
띄어쓰기를 바르게 했나요?	아주 잘했어요	잘했어요	보통이에요

1. 교과서 낱말을 바르게 써 봅시다.

기	쁘	다
기	쁘	다

슬	프	다
슬	프	다

행	복	하	다
행	복	하	다

많	다		궁	금	하	다		생	각	하	다
많	다		궁	금	하	다		생	각	하	다

철	썩	철	썩		첨	벙	첨	벙		훨	훨
철	썩	철	썩		첨	벙	첨	벙		훨	훨

데	굴	데	굴		뒤	뚱	뒤	뚱		짹	짹
데	굴	데	굴		뒤	뚱	뒤	뚱		짹	짹

2. 보기 에서 알맞은 말을 골라 빈칸에 바르게 써 봅시다.

| 보기 | 도착했어요 | 맑아요 | 괜찮아졌어요 |

영철아, 놀이공원에 잘 도착했니?

네, 잘 ☐☐☐☐☐☐ .

비는 안 오니?

네, 아주 ☐☐☐☐ .

배 아픈 건 어때?

다행히 ☐☐☐☐☐☐☐☐ .

꼼꼼 글씨 체크리스트 내가 쓴 글씨를 보고 ○표를 해 봅시다. 글씨가 마음에 드나요?

똑바른 자세로 연필을 바르게 잡고 썼나요?	아주 잘했어요	잘했어요	보통이에요
글씨 쓰는 순서에 맞게 썼나요?	아주 잘했어요	잘했어요	보통이에요
글자 모양을 생각하며 썼나요?	아주 잘했어요	잘했어요	보통이에요
일정한 크기로 칸을 벗어나지 않게 썼나요?	아주 잘했어요	잘했어요	보통이에요
띄어쓰기를 바르게 했나요?	아주 잘했어요	잘했어요	보통이에요

1. 교과서 문장을 네모 칸 안에 바르게 써 봅시다.

토	끼	가		깡	충	깡	충			
토	끼	가		깡	충	깡	충			

나	비	가		팔	랑	팔	랑			
나	비	가		팔	랑	팔	랑			

고	양	이	는		야	옹	야	옹		
고	양	이	는		야	옹	야	옹		

나	무		나	무		무	슨		나	무
나	무		나	무		무	슨		나	무

나비가 숨었어.

나비가 숨었어.

가자 가자 감나무

가자 가자 감나무

도토리 나눠 먹자.

도토리 나눠 먹자.

꼼꼼 글씨 체크리스트 ▶ 내가 쓴 글씨를 보고 ○표를 해 봅시다. 글씨가 마음에 드나요?

똑바른 자세로 연필을 바르게 잡고 썼나요?	아주 잘했어요	잘했어요	보통이에요
글씨 쓰는 순서에 맞게 썼나요?	아주 잘했어요	잘했어요	보통이에요
글자 모양을 생각하며 썼나요?	아주 잘했어요	잘했어요	보통이에요
일정한 크기로 칸을 벗어나지 않게 썼나요?	아주 잘했어요	잘했어요	보통이에요
띄어쓰기를 바르게 했나요?	아주 잘했어요	잘했어요	보통이에요

1. 교과서 문장을 네모 칸 안에 바르게 써 봅시다.

영	차	영	차		힘	이		세	.		
영	차	영	차		힘	이		세	.		

쟁	반	같	이		둥	근		달			
쟁	반	같	이		둥	근		달			

두		눈	을		동	그	랗	게		뜨	고
두		눈	을		동	그	랗	게		뜨	고

오	리	가		맞	아	.					
오	리	가		맞	아	.					

귓속말을   하였어요.
귓속말을   하였어요.

모래성을   만들었어요.
모래성을   만들었어요.

열이   펄펄   끓는   거야.
열이   펄펄   끓는   거야.

꼼꼼 글씨 체크리스트   내가 쓴 글씨를 보고 ○표를 해 봅시다. 글씨가 마음에 드나요?

똑바른 자세로 연필을 바르게 잡고 썼나요?	아주 잘했어요	잘했어요	보통이에요
글씨 쓰는 순서에 맞게 썼나요?	아주 잘했어요	잘했어요	보통이에요
글자 모양을 생각하며 썼나요?	아주 잘했어요	잘했어요	보통이에요
일정한 크기로 칸을 벗어나지 않게 썼나요?	아주 잘했어요	잘했어요	보통이에요
띄어쓰기를 바르게 했나요?	아주 잘했어요	잘했어요	보통이에요

1. 교과서 문장을 밑 선에 맞춰 바르게 써 봅시다.

나는 힘이 세.

타조는 못 날아.

모두모두 모여라!

나는 공놀이를 좋아해.

재훈이가 딸기를 먹습니다.

곰이 노래를 부릅니다.

어머니께서 곰 인형을 사 주셨다.

호랑이가 술래입니다.

원숭이가 피아노를 칩니다.

토끼가 뛰어갑니다.

우리 악어 정말 대단해.

동물들이 즐겁게 춤을 춥니다.

꼼꼼 글씨 체크리스트 ▶ 내가 쓴 글씨를 보고 ○표를 해 봅시다. 글씨가 마음에 드나요?

똑바른 자세로 연필을 바르게 잡고 썼나요?	아주 잘했어요	잘했어요	보통이에요
글씨 쓰는 순서에 맞게 썼나요?	아주 잘했어요	잘했어요	보통이에요
글자 모양을 생각하며 썼나요?	아주 잘했어요	잘했어요	보통이에요
일정한 크기로 칸을 벗어나지 않게 썼나요?	아주 잘했어요	잘했어요	보통이에요
띄어쓰기를 바르게 했나요?	아주 잘했어요	잘했어요	보통이에요

실전 교과서 글씨 쓰기 7회

1. 교과서 문장을 밑 선에 맞춰 바르게 써 봅시다.

깜찍한 토끼 모양이었습니다.

모두 고개를 끄덕였습니다.

알을 소복하게 낳아 놓았습니다.

더 도와줄 일은 없나요?

많은 동물들이 몰려들었습니다.

색종이를 또또 상자에 넣었습니다.

둥지째 떼어 갈까?

좋은 친구 모두 잃어버렸어.

서로 먹여 주면 되잖아.

머리띠가 예쁘구나.

실수해도 괜찮아.

아이들이 큰 소리로 응원합니다.

꼼꼼 글씨 체크리스트   내가 쓴 글씨를 보고 ○표를 해 봅시다. 글씨가 마음에 드나요?

똑바른 자세로 연필을 바르게 잡고 썼나요?	아주 잘했어요	잘했어요	보통이에요
글씨 쓰는 순서에 맞게 썼나요?	아주 잘했어요	잘했어요	보통이에요
글자 모양을 생각하며 썼나요?	아주 잘했어요	잘했어요	보통이에요
일정한 크기로 칸을 벗어나지 않게 썼나요?	아주 잘했어요	잘했어요	보통이에요
띄어쓰기를 바르게 했나요?	아주 잘했어요	잘했어요	보통이에요

1. 교과서 낱말을 바르게 써 봅시다.

돼	지	떡	쓰	레	기	시	계	옹	기	보	름	달
돼	지	떡	쓰	레	기	시	계	옹	기	보	름	달

할	아	버	지	할	머	니	장	승	송	아	지
할	아	버	지	할	머	니	장	승	송	아	지

그	림	물	감	받	아	쓰	기	주	인	공	마	을
그	림	물	감	받	아	쓰	기	주	인	공	마	을

깜	박	조	금	얼	른	가	운	데	일	부	러
깜	박	조	금	얼	른	가	운	데	일	부	러

살	다	움	직	이	다	예	쁘	다	쳐	다	보	다
살	다	움	직	이	다	예	쁘	다	쳐	다	보	다

뛰	어	놀	다	맺	히	다	나	오	다	앞	서	다
뛰	어	놀	다	맺	히	다	나	오	다	앞	서	다

2. 빈칸에 가로세로 낱말 퍼즐의 정답을 바르게 써 봅시다.

가로 열쇠

① 사진을 찍는 기계예요.
② 바다에 살아요. 다리가 열 개이고, 먹물을 토해요.
③ '야옹' 하고 우는 동물이에요.

세로 열쇠

❶ 아빠는 운전하실 때 ○○○를 들어요.
❷ 어린아이의 다른 말이에요.
❸ 태어난 곳을 뜻해요.

꼼꼼 글씨 체크리스트 내가 쓴 글씨를 보고 ○표를 해 봅시다. 글씨가 마음에 드나요?

똑바른 자세로 연필을 바르게 잡고 썼나요?	아주 잘했어요	잘했어요	보통이에요
글씨 쓰는 순서에 맞게 썼나요?	아주 잘했어요	잘했어요	보통이에요
글자 모양을 생각하며 썼나요?	아주 잘했어요	잘했어요	보통이에요
일정한 크기로 칸을 벗어나지 않게 썼나요?	아주 잘했어요	잘했어요	보통이에요
띄어쓰기를 바르게 했나요?	아주 잘했어요	잘했어요	보통이에요

실전 교과서 글씨 쓰기 9회

1. 교과서 낱말을 바르게 써 봅시다.

도 로	동 전	연 기	이 웃	전 기	하 늘
도 로	동 전	연 기	이 웃	전 기	하 늘

문 장	물 음 표	느 낌 표	내 용	쪽 지
문 장	물 음 표	느 낌 표	내 용	쪽 지

대 중 교 통	지 하 철	회 오 리 바 람
대 중 교 통	지 하 철	회 오 리 바 람

반 드 시	금 방	훨 씬	듬 뿍	모 두
반 드 시	금 방	훨 씬	듬 뿍	모 두

고 맙 다	낯 설 다	전 하 다	사 랑 하 다
고 맙 다	낯 설 다	전 하 다	사 랑 하 다

친 절 하 다	씩 씩 하 다	용 감 하 다
친 절 하 다	씩 씩 하 다	용 감 하 다

86

2. 하늘에 떠 있는 글자로 낱말을 만들어, 아래 빈칸에 바르게 써 보세요.

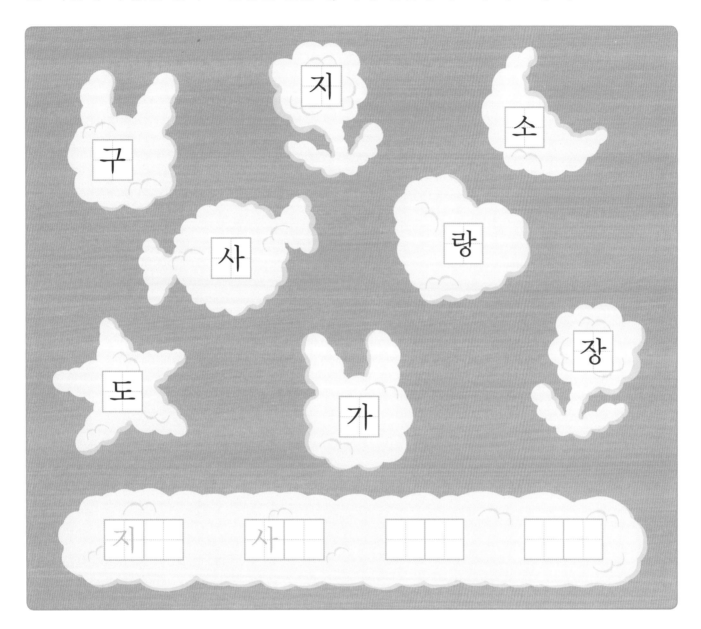

꼼꼼 글씨 체크리스트 ▶ 내가 쓴 글씨를 보고 ○표를 해 봅시다. 글씨가 마음에 드나요?

똑바른 자세로 연필을 바르게 잡고 썼나요?	아주 잘했어요	잘했어요	보통이에요
글씨 쓰는 순서에 맞게 썼나요?	아주 잘했어요	잘했어요	보통이에요
글자 모양을 생각하며 썼나요?	아주 잘했어요	잘했어요	보통이에요
일정한 크기로 칸을 벗어나지 않게 썼나요?	아주 잘했어요	잘했어요	보통이에요
띄어쓰기를 바르게 했나요?	아주 잘했어요	잘했어요	보통이에요

1. 교과서 문장을 네모 칸 안에 바르게 써 봅시다.

사	이	가		더	욱		좋	아	질		것	입	니	다	.
사	이	가		더	욱		좋	아	질		것	입	니	다	.

운	동	장	에	서		경	기	를		하	였	다	.
운	동	장	에	서		경	기	를		하	였	다	.

다	음		생	일	에	는		조	심	할	게	.
다	음		생	일	에	는		조	심	할	게	.

주	인	공		마	음	에		들	어	야	지	.
주	인	공		마	음	에		들	어	야	지	.

개	미	는		협	동	을		잘	합	니	다	.
개	미	는		협	동	을		잘	합	니	다	.

빨	간	불	인	데		건	너	면		안		돼	!
빨	간	불	인	데		건	너	면		안		돼	!

내가 주워 줄게.

내가 주워 줄게.

오늘 줄넘기를 하였다.

오늘 줄넘기를 하였다.

동물들은 어떻게 잠을 잘까요?

동물들은 어떻게 잠을 잘까요?

우유를 벌컥벌컥 들이켰습니다.

우유를 벌컥벌컥 들이켰습니다.

꼼꼼 글씨 체크리스트 ▷ 내가 쓴 글씨를 보고 ○표를 해 봅시다. 글씨가 마음에 드나요?

똑바른 자세로 연필을 바르게 잡고 썼나요?	아주 잘했어요	잘했어요	보통이에요
글씨 쓰는 순서에 맞게 썼나요?	아주 잘했어요	잘했어요	보통이에요
글자 모양을 생각하며 썼나요?	아주 잘했어요	잘했어요	보통이에요
일정한 크기로 칸을 벗어나지 않게 썼나요?	아주 잘했어요	잘했어요	보통이에요
띄어쓰기를 바르게 했나요?	아주 잘했어요	잘했어요	보통이에요

1. 교과서 문장을 네모 칸 안에 바르게 써 봅시다.

작은 것도 소중해.

작은 것도 소중해.

나도 떨어진 거 알고 있어.

나도 떨어진 거 알고 있어.

아침부터 나는 설레었습니다.

아침부터 나는 설레었습니다.

저것은 전기 자동차란다.

저것은 전기 자동차란다.

내 생일에 반드시 초대할게.

내 생일에 반드시 초대할게.

친구와 함께 학교에 갔습니다.

친구와 함께 학교에 갔습니다.

앞으로 열심히 공부할게요.

앞으로 열심히 공부할게요.

지난번에는 정말 고마웠어.

지난번에는 정말 고마웠어.

느낌을 나타내어요.

느낌을 나타내어요.

정말 신나고 즐거운 하루였다.

정말 신나고 즐거운 하루였다.

꼼꼼 글씨 체크리스트 ▶ 내가 쓴 글씨를 보고 ○표를 해 봅시다. 글씨가 마음에 드나요?

똑바른 자세로 연필을 바르게 잡고 썼나요?	아주 잘했어요	잘했어요	보통이에요
글씨 쓰는 순서에 맞게 썼나요?	아주 잘했어요	잘했어요	보통이에요
글자 모양을 생각하며 썼나요?	아주 잘했어요	잘했어요	보통이에요
일정한 크기로 칸을 벗어나지 않게 썼나요?	아주 잘했어요	잘했어요	보통이에요
띄어쓰기를 바르게 했나요?	아주 잘했어요	잘했어요	보통이에요

1. 교과서 문장을 네모 칸 안에 바르게 써 봅시다.

말	하	는		사	람	을		쳐	다	보	며		귀	를	
말	하	는		사	람	을		쳐	다	보	며		귀	를	

기	울	입	니	다	.										
기	울	입	니	다	.										

고	운		말	을		하	면		듣	는		사	람	의	
고	운		말	을		하	면		듣	는		사	람	의	

기	분	이		좋	아	집	니	다	.						
기	분	이		좋	아	집	니	다	.						

우	리	나	라		사	람	들	은		허	리	를		굽	혀
우	리	나	라		사	람	들	은		허	리	를		굽	혀

인	사	합	니	다	.										
인	사	합	니	다	.										

방울은 방울인데

방울은 방울인데

소리 나지 않는 방울은?

소리 나지 않는 방울은?

여름에는 일하고

여름에는 일하고

겨울에는 쉬는 것은?

겨울에는 쉬는 것은?

꼼꼼 글씨 체크리스트 내가 쓴 글씨를 보고 ○표를 해 봅시다. 글씨가 마음에 드나요?

똑바른 자세로 연필을 바르게 잡고 썼나요?	아주 잘했어요	잘했어요	보통이에요
글씨 쓰는 순서에 맞게 썼나요?	아주 잘했어요	잘했어요	보통이에요
글자 모양을 생각하며 썼나요?	아주 잘했어요	잘했어요	보통이에요
일정한 크기로 칸을 벗어나지 않게 썼나요?	아주 잘했어요	잘했어요	보통이에요
띄어쓰기를 바르게 했나요?	아주 잘했어요	잘했어요	보통이에요

1. 교과서 문장을 네모 칸 안에 바르게 써 봅시다.

너	의		친	절	한		마	음	을		잊	지		않	고
너	의		친	절	한		마	음	을		잊	지		않	고

꼭		기	억	할	게	.									
꼭		기	억	할	게	.									

떡	이		모	두		떨	어	지	자		호	랑	이	는	
떡	이		모	두		떨	어	지	자		호	랑	이	는	

어	머	니	를		잡	아	먹	었	다	.					
어	머	니	를		잡	아	먹	었	다	.					

책	꽂	이	에		책	을		반	드	시		꽂	아	야	
책	꽂	이	에		책	을		반	드	시		꽂	아	야	

보	기	가		좋	습	니	다	.							
보	기	가		좋	습	니	다	.							

용궁에 가면 용왕님께서 기쁘게

용궁에 가면 용왕님께서 기쁘게

맞아 줄 것이오.

맞아 줄 것이오.

고무신도 팔고 운동화도 팔고

고무신도 팔고 운동화도 팔고

반바지도 팔고 떡도 팔았어요.

반바지도 팔고 떡도 팔았어요.

꼼꼼 글씨 체크리스트 ▶ 내가 쓴 글씨를 보고 ○표를 해 봅시다. 글씨가 마음에 드나요?

똑바른 자세로 연필을 바르게 잡고 썼나요?	아주 잘했어요	잘했어요	보통이에요
글씨 쓰는 순서에 맞게 썼나요?	아주 잘했어요	잘했어요	보통이에요
글자 모양을 생각하며 썼나요?	아주 잘했어요	잘했어요	보통이에요
일정한 크기로 칸을 벗어나지 않게 썼나요?	아주 잘했어요	잘했어요	보통이에요
띄어쓰기를 바르게 했나요?	아주 잘했어요	잘했어요	보통이에요

1. 교과서 문장을 밑 선에 맞춰 바르게 써 봅시다.

개미는 독특한 냄새를 남깁니다.

수목원에서 작고 노란 꽃을 보았다.

나라마다 인사하는 법이 다릅니다.

황새는 한쪽 다리로 서서 잡니다.

주둥이가 긴 개도 있습니다.

날개는 노란색이에요.

도마뱀은 네 다리로 뛰어다녀요.

어머니께서 대문에 종이를 붙이셨다.

재민이와 만나기로 하였다.

아침이 밝았어요.

숲은 와들와들 떨고 있어요.

같은 소리가 반복되어도 재미있어.

하늘나라에 돼지와 수탉이 살고 있었습니다.

이곳에 장승 친구들이 살고 있어요.

일부러 그런 것도 아니잖아.

어머니께서 달걀을 삶아 주셨습니다.

꼼꼼 글씨 체크리스트 ▶ 내가 쓴 글씨를 보고 ○표를 해 봅시다. 글씨가 마음에 드나요?

똑바른 자세로 연필을 바르게 잡고 썼나요?	아주 잘했어요	잘했어요	보통이에요
글씨 쓰는 순서에 맞게 썼나요?	아주 잘했어요	잘했어요	보통이에요
글자 모양을 생각하며 썼나요?	아주 잘했어요	잘했어요	보통이에요
일정한 크기로 칸을 벗어나지 않게 썼나요?	아주 잘했어요	잘했어요	보통이에요
띄어쓰기를 바르게 했나요?	아주 잘했어요	잘했어요	보통이에요

1. 교과서 문장을 밑 선에 맞춰 바르게 써 봅시다.

자신의 생각을 분명히 써야 해요.

아버지께서 꽃 이름을 가르쳐 주셨어요.

음식을 골고루 먹고 운동을 열심히 해요.

너는 정말 좋은 친구야.

아침에 달력을 보고 씩 웃었다.

고은이랑 나는 빠르게 달려갔다.

뭉게구름이 둥둥 시원한 바람이 솔솔

온 가족이 맛있게 냠냠 냠냠

화들짝 놀라 졸음을 깨고는 하지.

2. 보기 의 문장을 보고 순서를 생각하여 바른 글씨로 이어 써 봅시다.

> 보기
> ㉠ 동생과 놀아 주니 울음을 그쳤다.
> ㉡ 나는 귀찮아서 동생을 피하였다.
> ㉢ 학교에서 돌아오니 내 동생 지현이가 내 뒤를 쫓아다니며 놀아 달라고 하였다.
> ㉣ 그러자 동생은 울기 시작하였다.

1) 올바른 순서대로 기호를 써 봅시다.　㉢ – ☐ – ☐ – ☐

2) 바른 글씨로 순서에 맞게 이어 써 봅시다.

꼼꼼 글씨 체크리스트　내가 쓴 글씨를 보고 ○표를 해 봅시다. 글씨가 마음에 드나요?

똑바른 자세로 연필을 바르게 잡고 썼나요?	아주 잘했어요	잘했어요	보통이에요
글씨 쓰는 순서에 맞게 썼나요?	아주 잘했어요	잘했어요	보통이에요
글자 모양을 생각하며 썼나요?	아주 잘했어요	잘했어요	보통이에요
일정한 크기로 칸을 벗어나지 않게 썼나요?	아주 잘했어요	잘했어요	보통이에요
띄어쓰기를 바르게 했나요?	아주 잘했어요	잘했어요	보통이에요

1. 보기 에서 자기에게 적절한 상을 골라 바른 글씨로 상장을 완성해 봅시다.

보기	노력	성실	책임	발전

상 장

　　　　　상　　　　　이름 : ＿＿＿＿＿＿
＿＿＿＿＿＿

위 사람은 글씨를 바르게 쓰기 위해

꾸준히 노력하여 ＿＿＿＿＿＿＿＿이(가)

크게 발전하였기에 이 상장을 수여합니다.

＿＿＿＿＿＿의 엄마

＿＿＿＿＿＿＿＿＿＿

미리 보고 개념 잡는 초등 글씨 쓰기

정답

- 초등 글씨 쓰기의 정답이 실려 있습니다.
- 글씨를 바르게 썼는지 확인해 봅니다.
- 실수한 문제는 반복해서 정확하게 익히도록 합니다.

9쪽 **1.**

2.

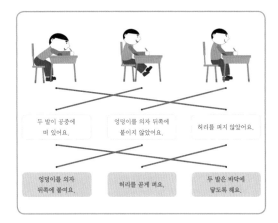

11쪽 **1.**

16쪽 **1.**

2.

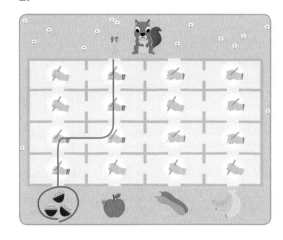

17쪽 **3.**

4.

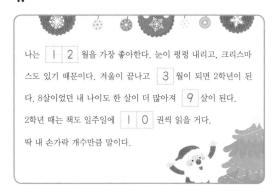

20쪽 **1.** ①

2.

22쪽 **1.**

2.

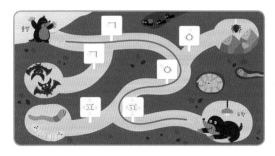

23쪽 **4.**

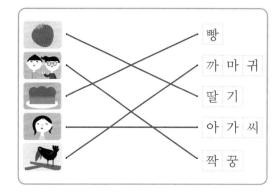

24쪽 **2.**

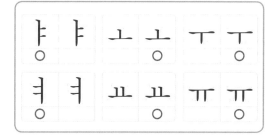

27쪽 **2.**

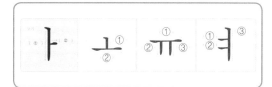

3.

30쪽 **1.** ②

2.

31쪽 **3.**

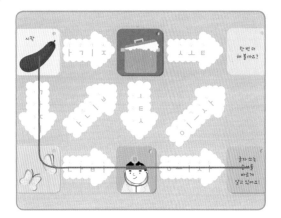

32쪽 **1.**

34쪽 **1.** ①
2.

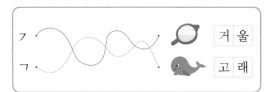

37쪽 **2.**

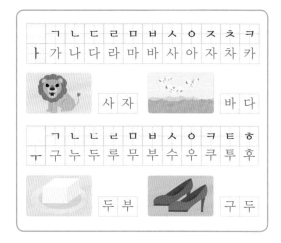

38쪽 **1.**

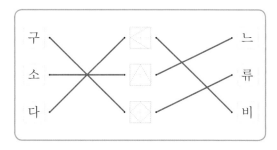

40쪽 **1.**

가구	나사	두부	도라지
보리	고추	토끼	이야기

41쪽 **3.** (순서대로) 가수, 어머니, 포도, 하루, 고구마, 구두, 모자, 소나무, 라디오, 모기

42쪽 **1.**

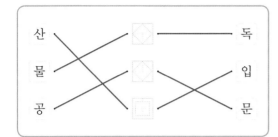

44쪽 **1.**

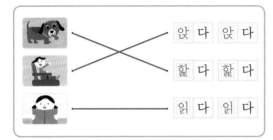

45쪽 **3.** (순서대로) 겨울, 목욕, 소풍, 맑다, 소금, 고양이, 부엌, 꺾다, 축구, 이빨

48쪽 **1.**

49쪽 **3.**

50쪽 **1.** (순서대로) 새하얘졌다, 이갈이를, 쿵쾅쿵쾅, 차려입는, 하겠습니다, 깜깜했다, 잘하는구나

53쪽 **2.** 예) 너를 초대하고 싶어서야. / 네가 내 생일에 오면 정말 기쁘겠어. 엄마와 함께 맛있는 음식도 많이 준비하고, 다른 친구들도 올 거야. 우리 즐거운 시간 보내자.

56쪽 **1.**

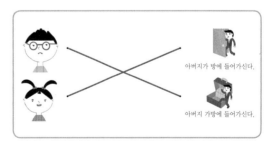

57쪽 **3.**

김소원	→	김 소 원
이세움∨선생님	→	이 세 움 ∨ 선 생 님
이순신∨장군	→	이 순 신 ∨ 장 군
노란∨나비	→	노 란 ∨ 나 비
귀여운∨강아지	→	귀 여 운 ∨ 강 아 지
다섯∨살	→	다 섯 ∨ 살
우유∨한∨잔	→	우 유 ∨ 한 ∨ 잔

60쪽 **1.**

나귀가아파요.
→ 나 귀 가   아 파 요 .
→ 나귀가 아파요

나귀가아파요.
→ 나   귀 가   아 파 요 .
→ 나 귀가 아파요

2.

우리 마을에는 집 네   채 가 옹기종기 모여 있어요.
우 리   집 은 강아지 두   마 리 를 키워요.

61쪽 **3.** (순서대로) 네가 준 강아지와 친한 친구가 되었
어. / 초롱이도 너와 친구가 되어 좋아할 거야.

64쪽 **1.**

☐ 점점 하늘로 올라갑니다.	☐ 계단을 오르내려요.
◯ 똑바르게 글씨를 씁니다.	☐ 점점 아래로 내려갑니다.

65쪽 **3.** 예)

66쪽 **1.**

 – ②

 – ③

 – ④

 — ①

67쪽 **2.**

71쪽 **2.**

73쪽 **2.**

75쪽 **2.**

85쪽 **2.**

87쪽 **2.** 예) 지도, 사랑, 장사, 가구

99쪽 **2.**

1) (순서대로) ㄷ, ㄴ, ㄹ, ㄱ

2)

학교에서 돌아오니 내 동생 지현이가 내 뒤를 쫓아다니며 놀아 달라고 하였다. 나는 귀찮아서 동생을 피하였다. 그러자 동생은 울기 시작하였다. 동생과 놀아 주니 울음을 그쳤다.

저자 이재승

한국교원대학교와 동대학원 국어교육학과를 졸업(교육학 박사)하고 한국교육과정평가원 연구원 및
대구교육대학교 국어교육과 교수, 대학수학능력시험·외무 고시·교원임용고사 등의 출제 위원을 역임했습니다.
현재 서울교육대학교 국어교육학과 교수로 재직 중이며, 초등학교 국어 교과서 기획 및 집필을 책임지고 있습니다.
지은 책으로 『좋은 국어 수업 어떻게 할 것인가』, 『글쓰기 교육의 원리와 방법』,
『아이들과 함께하는 독서와 글쓰기 교육』 등이 있습니다.

저자 정호중

서울교육대학교와 서울교육대학교 교육전문대학원을 졸업하고, 현재 서울 등마초등학교 교사로 근무하고 있습니다.
서울초등국어교육연구회 연구위원으로 활동하고 있으며 배움중심수업, 거꾸로수업, 스마트교육 등
다양한 수업 방법에 대해 연구하여 교사를 대상으로 강의를 하고 있습니다.

미리 보고 개념 잡는 초등 글씨 쓰기

펴낸날 2016년 10월 20일 초판 1쇄, 2022년 1월 10일 초판 10쇄
저자 이재승, 정호중 | 그린이 김희정
펴낸이 신광수 | CS본부장 강윤구
출판개발실장 위귀영 | **출판영업실장** 백주현 | **디자인실장** 손현지 | **개발기획실장** 김효정
아동콘텐츠개발팀 박재영, 백한별, 서정희, 박인의, 김지예, 류효정
출판디자인팀 최진아 | **표지디자인** 솔트앤페퍼 커뮤니케이션 | **저작권** 김마이, 이아람
채널영업팀 이용복, 이강원, 김선영, 우광일, 강신구, 이유리, 정재욱, 박세화, 김종민, 이태영, 전지현
출판영업팀 박충열, 민현기, 정재성, 정슬기, 허성배, 정유, 설유상
개발기획팀 이병욱, 황선득, 홍주희, 강주영, 이기준, 정은정
CS지원팀 강승훈, 봉대중, 이주연, 이형배, 이은비, 전효정, 이우성
펴낸곳 (주)미래엔 | **등록** 1950년 11월 1일 제 16-67호 | **주소** 서울특별시 서초구 신반포로 321
전화 미래엔 고객센터 1800-8890 | **팩스** 541-8249 | **홈페이지** www.mirae-n.com

ISBN 978-89-378-4702-8 64710
ISBN 979-11-6841-076-3(세트)